WAYNE W. DYER

Vive la sabiduría del Tao

Traducción de
Juan Manuel Ibeas Delgado

DEBOLS!LLO

Penguin
Random House
Grupo Editorial

Título original: *Living the Wisdom of the Tao*

Primera edición con esta presentación: enero de 2017
Tercera reimpresión: febrero de 2021

© 2008, Wayne W. Dyer
Publicado en lengua inglesa en 2008 por Hay House Inc., USA
© 2010, Penguin Random House Grupo Editorial, S. A. U.
Travessera de Gràcia, 47-49. 08021 Barcelona
© 2010, Juan Manuel Ibeas Delgado, por la traducción
Diseño de la cubierta: Sylvia Sans

Printed in Spain – Impreso en España

ISBN: 978-84-9908-589-0
Depósito legal: B-34.148-2010

Compuesto en Anglofort, S. A.

Impreso en BookPrint Digital, S. A.

P 8 8 5 8 9 B

Para Kerry,
diez mil gracias por tu bella alma

INTRODUCCIÓN

Este libro te ofrece la oportunidad de interiorizar y experimentar la gran sabiduría del Tao Te Ching, una recopilación de ochenta y un versículos escritos por Lao Tsé, un profeta chino que además era custodio de los archivos imperiales en la antigua capital de Luoyang. En vista de la continua decadencia cultural y social producida por un largo período de guerra entre estados, Lao Tsé decidió viajar al desierto en el oeste del país. En el Paso de Hanku, un guardia del lugar llamado Yin Hsi, que conocía la fama de sabio de Lao Tsé, le rogó que pusiera por escrito la esencia de sus enseñanzas. Y así nació hace veinticinco siglos el Tao Te Ching, compuesto por cinco mil caracteres chinos.

Las palabras *Tao Te Ching* pueden traducirse como «vivir y aplicar el Gran Camino». Muchos estudiosos consideran que el Tao es el libro más sabio que jamás se ha escrito. Aunque son tan solo ochenta y un versículos breves, te incita a cambiar tu vida modificando así tu manera de pensar. Mediante la lectura de estos versículos (que he reconstruido después de revisar cientos de traducciones) —junto con la correspondiente afirmación que he creado para cada uno de ellos— emprenderás un camino que abarca las profundas ideas que Lao Tsé se proponía transmitir.

Si absorbes estos nuevos y poderosos pensamientos y los grabas en tu conciencia, empezarás a ver el mundo y a todos sus habitantes desde otra perspectiva. Eso es exactamente lo que me sucedió a mí. Leer el Tao e incorporar su filosofía a mi vida me ha cambiado para siempre.

He escrito este libro para proporcionarte una experiencia simple, pero directa, con el fin de cambiar tus pensamientos y, por lo tanto, cambiar tu vida. Si pones en práctica de forma constante el contenido de esta relajante obra basada en el Tao, empezarás a vivir en armonía con tu propia naturaleza, te sentirás más a gusto que nunca y vivirás lo que se llama una vida realmente inspirada por Dios.

El Tao Te Ching te ofrece una orientación de origen divina en prácticamente todos los ámbitos de la existencia humana. Es una nueva manera de pensar en un mundo que necesita recuperar sus antiguas enseñanzas. Inspírate constantemente en los versículos y en las afirmaciones, y conocerás la verdad que se desprende de esta antigua sentencia del Tao: «Cuando cambias tu manera de mirar las cosas, las cosas que miras cambian».

Te envío mucho amor.

DR. WAYNE W. DYER

DECIDO DISFRUTAR

VIVIENDO EL GRAN MISTERIO.

EL TAO AL QUE SE PUEDE

PONER NOMBRE

NO ES EL TAO.

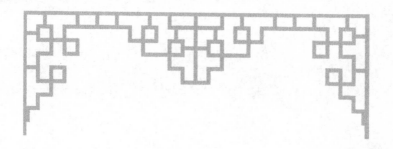

VERSÍCULO 1

El Tao que se puede explicar
no es el Tao eterno.
El nombre que se puede nombrar
no es el nombre eterno.

El Tao tiene nombre y no lo tiene.
Sin nombre, es el origen de todas las cosas;
con nombre, es la Madre de diez mil cosas.

Aun sin desearlo, uno puede ver el misterio;
aun deseándolo, uno ve solo las manifestaciones.
Y el misterio es la puerta que conduce al conocimiento.

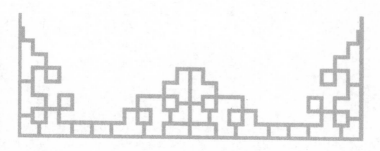

CUANDO MI TRABAJO

ESTÁ HECHO, SE OLVIDA.

POR ESO DURA PARA SIEMPRE.

VERSÍCULO 2

Bajo el cielo, todos pueden apreciar la belleza como tal,
porque existe la fealdad.
Todos pueden distinguir el bien como tal,
porque existe el mal.

El ser y el no ser se generan el uno al otro.
Lo difícil nace de lo fácil.
Lo largo se define mediante lo corto, lo alto mediante lo bajo.
El antes y el después van el uno junto al otro.

Por eso, el sabio vive abiertamente
en una aparente dualidad y en una paradójica unidad.
El sabio puede actuar sin esfuerzo
y enseñar sin palabras.
Cultivando las cosas sin poseerlas,
trabaja, pero no por las recompensas.
Compite, pero no por los resultados.

Cuando el trabajo está hecho, se olvida.
Por eso dura para siempre.

SÉ QUE NO EXISTE UN CAMINO

HACIA LA FELICIDAD.

LA FELICIDAD ES EL CAMINO.

VERSÍCULO 3

Conceder valor a la posición social
creará conflictos.
Si valoras demasiado las posesiones,
la gente empezará a robar.
No exhibiendo lo deseable,
mantendrás en calma los corazones de la gente.

El sabio gobierna vaciando mentes y corazones,
debilitando las ambiciones y reforzando los huesos.

Practica el no hacer...
Cuando la acción es pura y desinteresada,
todo encaja en el lugar que le corresponde.

EL TAO QUE LO PROPORCIONA

TODO ESTÁ VACÍO,

PERO ES INAGOTABLE.

VERSÍCULO 4

El Tao está vacío, pero es inagotable.
No tiene fondo; es el origen de todas las cosas.

En su interior, los bordes afilados se vuelven suaves;
los nudos retorcidos se aflojan;
los rayos del sol se ven atenuados por una nube;
el polvo se asienta en su sitio.

Está oculto, pero siempre presente.
No sé quién lo engendró.
Parece el antepasado común de todo,
el padre de todas las cosas.

ME ESFUERZO

POR ELIMINAR

TODOS MIS JUICIOS

SOBRE OTROS.

VERSÍCULO 5

El cielo y la tierra son imparciales;
ven las diez mil cosas como perros de paja.
El sabio no es sentimental;
trata a toda su gente como a perros de paja.

El sabio es como el cielo y la tierra:
para él nadie es favorito, ni nadie desfavorece.
Da y sigue dando, sin condiciones,
ofreciéndoles a todos sus tesoros.

Entre el cielo y la tierra hay un espacio como un fuelle,
vacío e inagotable.
Cuanto más se utiliza, más produce.

Mantente en el centro.
El hombre fue creado para sentarse en silencio
y encontrar la verdad interior.

PRESTO ATENCIÓN

A MIS LLAMADAS INTERIORES

Y APLICO MI PERSONALIDAD

ÚNICA A TODO

LO QUE EMPRENDO.

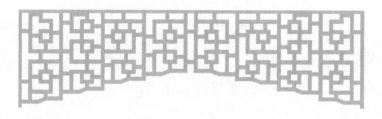

VERSÍCULO 6

Al espíritu que nunca muere
se lo llama lo misterioso femenino.
Aunque se convierta en todo el universo,
su pureza inmaculada nunca se desvanece.
Aunque asuma incontables formas,
su verdadera identidad se mantiene intacta.

La puerta a lo misterioso femenino
se llama la raíz de la creación.

Escucha su voz,
oye su eco en toda la creación.
Infaliblemente, revela su presencia.
Infaliblemente, nos lleva a nuestra propia perfección.
Aunque es invisible, lo soporta todo;
nunca se extinguirá.

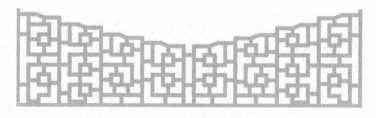

MEDIANTE LA

ACCIÓN DESINTERESADA

EXPERIMENTO MI

PROPIA REALIZACIÓN.

VERSÍCULO 7

El cielo es eterno, la tierra perdura.
¿Por qué el cielo y la tierra permanecen para siempre?
No viven solo para sí mismos.
Ese es el secreto de su eterna permanencia.

Por esta razón, el sabio se sitúa el último
pero acaba siempre siendo el primero.
Es un constante testigo de la vida
y por eso perdura.

Sirve a las necesidades de otros
y todas tus necesidades quedarán satisfechas.
Mediante la acción desinteresada, se alcanza la realización.

VIVO EN ARMONÍA

CON LA NATURALEZA

Y POR ESO RESPETO

LA ESENCIA

QUE DEFINE

TODAS LAS COSAS.

VERSÍCULO 8

El bien supremo es como el agua
que nutre a todas las cosas sin esfuerzo alguno.
Fluye a lugares bajos, odiados por todos los hombres;
por lo tanto, es como el Tao.

Vive en armonía con la naturaleza de las cosas.
Que tu vivienda esté cerca de la tierra.
Al meditar, profundiza en el corazón.
Al tratar con otros, sé amable y bondadoso.
Cumple tu palabra.
Gobierna con equidad.
Sé oportuno al elegir el momento adecuado.

El que vive en armonía con la naturaleza
respeta la esencia que define todas las cosas.
Se mueve en armonía con el momento presente,
siendo sus actos siempre virtuosos.

CUANDO MI COPA

ESTÁ LLENA,

DEJO DE ESCANCIAR.

VERSÍCULO 9

Seguir llenando no es tan bueno como parar.
Si te llenas las manos de agua, estas gotean.
Es mejor dejar de verter.

Si afilas demasiado un cuchillo,
pronto perderá el filo.
Si llenas tu casa de jade y oro,
ello te traerá inseguridad.
Si te hinchas de honores y orgullo,
nadie podrá salvarte de la caída.

Retírate cuando el trabajo esté hecho;
ese es el modo en que actúa el cielo.

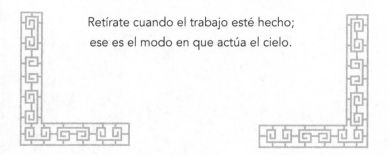

DEJO DE CREER

EN LOS CONTRARIOS

VIÉNDOME EN

TODAS LAS COSAS.

VERSÍCULO 10

Teniendo cuerpo y alma
y prefiriendo lo primero,
¿puedes evitar la separación?

¿Puedes hacer que tu cuerpo sea tan flexible
como el de un recién nacido?
En el abrir y cerrar de la puerta del cielo,
¿puedes desempeñar el papel femenino?

¿Puedes amar a tu pueblo
y gobernar tus dominios
sin darte importancia?

Engendrar y alimentar;
tener, pero no poseer;
trabajar, sin exigir reconocimiento;
dirigir sin controlar ni dominar.

El que participa de este poder
trae el Tao a este mundo.
Esta es la virtud primordial.

LA UTILIDAD

DE LO QUE ES

DEPENDE

DE LO QUE NO ES.

VERSÍCULO 11

Treinta radios convergen en el centro de una rueda.
Del agujero de este centro depende la utilidad del carro.

Cuando haces una vasija de barro,
es su interior lo que la hace útil.
Haz buenas puertas y ventanas,
pero la habitación es útil porque está vacía.

La utilidad de lo que es
depende de lo que no es.

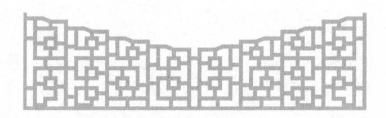

DECIDO IGNORAR

EL GRAN ATRACTIVO

QUE SUPONE

EL ACTO DE ADQUIRIR

Y LA FAMA.

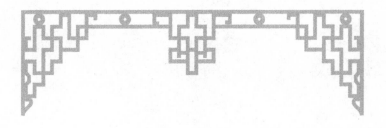

VERSÍCULO 12

Los cinco colores ciegan el ojo.
Los cinco tonos ensordecen el oído
Los cinco sabores embotan el gusto.
La persecución y la caza enloquecen la mente del hombre.

Malgastar energía en obtener objetos raros
impide el crecimiento de uno mismo.

El maestro observa el mundo
pero confía en su visión interior.
Deja que las cosas vayan y vengan.
Acoge lo que está dentro y excluye lo que está fuera.

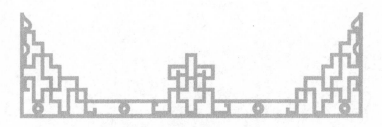

ME VEO COMO

IGUAL A TODO.

ME AMO COMO

AMO A TODOS.

VERSÍCULO 13

La alabanza y la deshonra causan temor.
La posición elevada aflige en demasía a tu persona.

¿Por qué causan temor la alabanza y la deshonra?
Buscar alabanzas resulta degradante:
temible cuando se obtienen;
temible cuando se pierden.

¿Por qué gozar de gran prestigio aflige a tu persona?
La razón de que tengamos muchos problemas
es que poseemos un yo.
Si no tuviéramos un yo,
¿acaso tendríamos problemas?

El verdadero ser del hombre es eterno,
y sin embargo piensa: «Yo soy este cuerpo y pronto moriré».
Si no tuviéramos cuerpo, ¿acaso sufriríamos calamidades?
El que se ve igual que todo
es digno de ser guardián del mundo.
El que se ama como ama a todos
es digno de ser maestro del mundo.

DESCUBRIR CÓMO

HAN SIDO SIEMPRE

LAS COSAS HACE

QUE ESTÉ

EN ARMONÍA

CON EL CAMINO.

VERSÍCULO 14

Lo que no se puede ver se llama invisible.
Lo que no se puede oír se llama inaudible.
Lo que no se puede tocar se llama intangible.
Estas tres cosas no se pueden definir.
Por lo tanto, se funden en una sola.

Cada una de estas tres cosas es difícil de describir.
Mediante la intuición puedes verlo,
oírlo
y palparlo.
Entonces, lo no visto,
lo no oído
y lo no tocado
se presentan como una misma cosa.

Su ascenso no trae amanecer,
su descenso no trae oscuridad.
Sigue y sigue, innombrable,
regresando a la nada.

Acércate a ello y no tiene principio.
Síguelo y no tiene final.
No puedes conocerlo, pero puedes ser parte de ello,
sentirte cómodo con tu propia vida.

 Descubrir cómo han sido siempre las cosas
hace que estés en armonía con el Camino.

EL LUGAR DE MI ORIGEN

ES LA QUIETUD,

DE DONDE SE ORIGINA

TODA CREACIÓN.

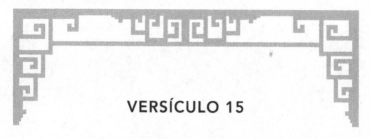

VERSÍCULO 15

Los antiguos maestros eran profundos y sutiles.
Su sabiduría era insondable,
por lo que no hay modo de describirla.
Solo pueden definirse vagamente por su apariencia.

Vigilantes, como hombres que cruzan un arroyo en invierno.
Alertados, como hombres conscientes del peligro.
Simples como la madera sin tallar.
Huecos como cavernas.
Dóciles, como el hielo a punto de derretirse.
Amorfos, como el agua turbia.

Pero el agua más turbia se aclara al permanecer inmóvil.
Y de esa quietud surge la vida.

El que sigue el Tao no desea estar lleno,
y precisamente porque nunca está lleno,
puede seguir siendo como un brote oculto
que no tiene prisa por madurar antes de tiempo.

ENTRE LAS PRISAS

DE LAS IDAS Y VENIDAS MUNDANAS,

OBSERVO CÓMO TODOS LOS FINALES

SE CONVIERTEN EN PRINCIPIOS.

VERSÍCULO 16

Vacíate del todo.
Deja que tu corazón esté en paz.
Entre las prisas de las idas y venidas mundanas,
observa cómo los finales se convierten en principios.

Las cosas florecen, una a una,
solo para regresar a la Fuente...
a lo que es y a lo que será.

Volver a la raíz es encontrar la paz.
Encontrar la paz es cumplir nuestro destino.
Cumplir nuestro destino es ser constante.
Practicar la constancia se llama visión.
No conocer este ciclo conduce al desastre eterno.

Practicar la constancia nos da perspectiva.
La perspectiva es imparcial.
La imparcialidad es la mayor nobleza.
La mayor nobleza es Divina.

Siendo divino, eres uno con el Tao.
Ser uno con el Tao supone la eternidad.
Este camino es para siempre;
no existe la muerte física.

CONFÍO PLENAMENTE

EN QUE OTROS SEPAN

LO QUE ES MEJOR

PARA ELLOS.

VERSÍCULO 17

Cuando se tiene al mejor gobernante,
la gente apenas sabe de la existencia de este.
Después viene uno a quien aman y elogian.
Después viene otro a quien temen.
Después viene otro más a quien desprecian
y contra el que se rebelan.

Cuando un dirigente no confía en nadie,
nadie confía en él.

El mejor dirigente es aquel que habla poco,
el que nunca habla sin antes pensar,
el que trabaja sin interés propio
y el que no deja huella.
Cuando todo ha terminado, la gente dice:
«Lo hicimos nosotros».

ACTÚO VIRTUOSAMENTE.

NO NECESITO REGLAS

PARA SER BONDADOSO Y JUSTO.

VERSÍCULO 18

Cuando la grandeza del Tao está presente,
la acción surge del corazón.
Cuando la grandeza del Tao está ausente,
la acción surge de las reglas que dictan
«la bondad y la justicia».

Si necesitas reglas para ser bondadoso y justo,
si actúas como si fueras virtuoso,
es una señal de que la virtud está ausente,
y así vemos la gran hipocresía.

Cuando los hermanos caen en la discordia,
surgen la piedad y los ritos de devoción.
Cuando el país se hunde en el caos,
aparecen leales oficiales;
ha nacido el patriotismo.

SOY MORAL, PERSONA DE PROVECHO

Y UN GENIO EXTRAORDINARIO,

INDEPENDIENTEMENTE DE

LO QUE PUEDAN DECIR UN CERTIFICADO

O UNA DECLARACIÓN BANCARIA.

VERSÍCULO 19

Renuncia a la santidad, renuncia a la sabiduría,
y será cien veces mejor para todos.
Renuncia a la moralidad y a la justicia,
y la gente hará lo correcto.
Renuncia a la industria y al beneficio,
y no habrá ladrones.

Todas esas cosas son tan solo formas externas;
no son suficientes en sí mismas.

Es más importante ver la simplicidad,
comprender nuestra verdadera naturaleza,
renunciar al egoísmo
y templar el deseo.

NO ESTOY

HACIENDO NADA,

MÁS BIEN ME

ESTÁN HACIENDO.

VERSÍCULO 20

Renuncia a aprender y quedarás libre
de todas tus preocupaciones.
¿Qué diferencia hay entre el sí y el no?
¿Qué diferencia hay entre el bien y el mal?

¿Debo temer lo que otros temen?
¿Debo temer la desolación cuando hay abundancia?
¿Debo temer la oscuridad
cuando esa luz está brillando en todas partes?

En primavera, algunos van al parque o se asoman a la terraza,
pero solo yo voy vagando sin saber dónde estoy.
Como un niño recién nacido, antes de aprender a sonreír,
estoy solo y no tengo a donde ir.

La mayoría de la gente posee demasiado.
Solo a mí parece que me falta algo.
Mi mente es la de un ignorante
en su simplicidad sin adulterar.
No soy más que un invitado en este mundo.
Mientras otros se apresuran para que se hagan las cosas,
yo acepto lo que se me ofrece.
Solo yo parezco tonto,
ganando poco y gastando menos.

Otros se esfuerzan por ganar fama,
yo evito estar expuesto a la vista de los demás,
prefiriendo que me dejen en paz.
Verdaderamente, parezco un idiota.
Sin mente, no hay preocupaciones.

Me dejo llevar como una ola en el océano.
Soplo, como el viento, sin objetivo alguno.

Todos los hombres encajan en su lugar.
Solo yo soy terco y me quedo fuera.
Pero lo que me diferencia de los otros
es que sé obtener sustento de la Gran Madre.

¿CÓMO SÉ CÓMO

ERAN TODAS LAS COSAS

EN EL PRINCIPIO DE TODO?

PORQUE LO VEO

DENTRO DE MÍ.

VERSÍCULO 21

La mayor virtud es seguir el Tao
y solo el Tao.

El Tao es evasivo e intangible.
Aunque es informe e intangible,
da origen a la forma.
Aunque es vago y evasivo,
da origen a las formas.
Aunque es oscuro e incierto,
es el espíritu, la esencia,
el aliento vital de todas las cosas.

A lo largo de los tiempos se ha preservado su nombre
para recordar el principio de todas las cosas.
¿Cómo sé cómo eran todas las cosas en el principio?
Miro dentro de mí y veo lo que hay.

EVITO ROMPERME SIENDO

FLEXIBLE Y CURVÁNDOME

CUANDO LLEGAN

LAS TORMENTAS.

VERSÍCULO 22

Lo flexible se mantiene sin romperse.
Lo curvado se endereza.
Lo vacío se llena.
Lo agotado se renueva.
Los pobres se enriquecen.
Los ricos quedan malditos.

Por eso el sabio asume la unidad.
Como no se exhibe, la gente puede ver su luz.
Como no tiene nada que demostrar,
la gente puede confiar en sus palabras.
Como no sabe quién es,
la gente se reconoce en él.
Como no tiene objetivos en su mente,
todo lo que hace sale bien.

Cuánta razón tiene el viejo dicho
de que los flexibles evitan la ruptura.
Si has alcanzado la totalidad,
todo acudirá a ti.

NO HAY TORMENTA

EN LA NATURALEZA

QUE DURE PARA SIEMPRE.

VERSÍCULO 23

Hablar poco es natural.
Los vientos fuertes no soplan toda la mañana.
Un aguacero no dura todo el día.
¿Quién hace estas cosas? El cielo y la tierra.

Pero estos son efectos exagerados, forzados,
y por eso no perduran.
Si el cielo y la tierra no pueden mantener una acción forzada,
¿acaso un hombre será capaz de hacerlo?

Los que siguen el Camino
se hacen uno con el Camino.
Los que siguen la bondad
se hacen uno con la bondad.
Los que se desvían del Camino y de la bondad
se hacen uno con el fracaso.

Si te adaptas al Camino,
su poder fluye a través de ti.
Tus acciones son las de la naturaleza;
tus maneras, las del cielo.

Ábrete al Tao
y confía en tus respuestas naturales;
entonces, todo encajará en su sitio.

JACTARSE Y EXHIBIRSE

SON EJEMPLOS DE EXCESOS

SUPERFLUOS. ESTAS PRÁCTICAS

DEBEN ERRADICARSE, DESECHARSE

Y DEJARSE ATRÁS PARA SIEMPRE.

VERSÍCULO 24

Si estás de puntillas, no puedes mantenerte firme.
Si das pasos largos, no puedes llegar muy lejos.

Exhibirse no demuestra ilustración.
Presumir no equivale a lograr.
El santurrón no es respetado.
El que se jacta no perdura.

Estas maneras de actuar son odiosas, de mal gusto.
Son excesos superfluos.
Son un dolor de estómago,
un tumor en el cuerpo.

Cuando recorres el camino del Tao,
eso es precisamente lo que debes erradicar,
desechar y dejar atrás.

PROVENGO DE LA GRANDEZA,

ATRAIGO LA GRANDEZA,

SOY LA GRANDEZA.

Ya había algo sin forma y perfecto
antes de que naciera el universo.
Es sereno, vacío,
solitario, inalterable,
infinito, eternamente presente.
Es la Madre del universo.
A falta de un nombre mejor,
yo lo llamo Tao.

Digo que es grande.
Lo grande es ilimitado.
Lo ilimitado fluye eternamente,
siempre fluyendo, regresando constantemente.

Por lo tanto, el Camino es grande,
el cielo es grande,
la tierra es grande,
la gente es grande.

Así pues, para conocer a la humanidad,
hay que comprender la tierra.
Para conocer la tierra,
hay que comprender el cielo.
Para conocer el cielo,
hay que comprender el Camino.
Para conocer el Camino,
hay que comprender la grandeza que hay dentro de ti.

TENGO LA CAPACIDAD

DE MANTENERME SERENO

Y CENTRADO, OCURRA

LO QUE OCURRA

DELANTE DE MÍ.

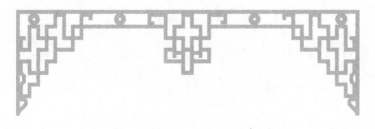

VERSÍCULO 26

Lo pesado es la raíz de lo ligero.
Lo quieto es el señor de la inquietud.

Dándose cuenta de esto,
la persona realizada está serena y centrada
en medio de todas las actividades;
aunque esté rodeada de opulencia,
no se deja dominar.

¿Por qué debería el señor del país
revolotear como un tonto?
Si dejas que te muevan de un lado a otro,
pierdes el contacto con tus raíces.
Estar inquieto supone perder el dominio de uno mismo.

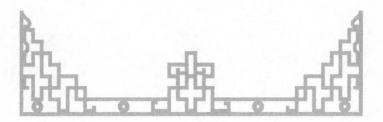

¿QUÉ ES UN HOMBRE BUENO

SINO EL MAESTRO DE

UN HOMBRE MALO?

¿QUÉ ES UN HOMBRE MALO

SINO EL TRABAJO DE

UN HOMBRE BUENO?

VERSÍCULO 27

El que conoce la verdad
viaja sin dejar rastro,
habla sin hacer daño,
da sin llevar cuentas.
La puerta que él cierra, aunque no tenga cerradura,
no se puede abrir.
El nudo que ata, aunque no use cuerda,
no se puede deshacer.

Sé sabio y ayuda sin distinción a todos los seres,
sin abandonar a ninguno.
No malgastes oportunidades.
A esto se le llama seguir la luz.

¿Qué es un hombre bueno sino el maestro de un hombre
malo?
¿Qué es un hombre malo sino el trabajo de un hombre bueno?
Si el maestro no es respetado,
y el alumno no es atendido,
surgirá la confusión, por listo que uno sea.
Este es el gran secreto.

SI PRESERVO MIS CUALIDADES

ORIGINALES, PUEDO HACER

O DOMINAR CUALQUIER COSA.

VIVO CON AUTÉNTICA HUMILDAD.

Conoce la fuerza del hombre,
pero sé precavido como una mujer.
Sé un valle bajo el cielo.
Si lo haces, la virtud constante
no desaparecerá.
Volverás a ser un niño otra vez.

Conoce lo blanco,
aférrate a lo negro,
y sé la pauta del mundo.
Ser la pauta del mundo es
moverse constantemente en el camino de la virtud,
sin dar un solo paso en falso,
y regresar de nuevo a lo infinito.

El que comprende el esplendor
conservando la humildad
actúa de acuerdo con el poder eterno.
Ser la fuente del mundo es
vivir la abundante vida de la virtud.

Cuando lo que no tiene forma adquiere la forma de objetos,
se pierden sus cualidades originales.
Si preservas tus cualidades originales,
puedes dominar cualquier cosa.
En verdad, el mejor gobernante es el que menos gobierna.

HAY UN MOMENTO PARA ESTAR

DELANTE Y HAY UN MOMENTO

PARA ESTAR DETRÁS. HAY UN

MOMENTO PARA ESTAR EN

MOVIMIENTO Y HAY UN MOMENTO

PARA ESTAR EN REPOSO.

HAY UN MOMENTO PARA SER

VIGOROSO Y HAY UN MOMENTO

PARA ESTAR AGOTADO.

VERSÍCULO 29

¿Crees que puedes hacerte cargo del universo
y mejorarlo?
Yo no creo que se pueda hacer.

Todo lo que hay bajo el cielo es un recipiente sagrado
y no se puede controlar.
Intentar controlarlo conduce a la ruina.
Al pretender agarrarlo, lo perdemos.

Deja que tu vida se despliegue naturalmente.
Has de saber que también ella es un recipiente de perfección.
Así como al respirar inhalas y exhalas,
hay un momento para estar delante
y un momento para estar detrás,
un momento para estar en movimiento
y un momento para estar en reposo,
un momento para ser vigoroso
y un momento para estar agotado,
un momento para estar a salvo
y un momento para estar en peligro.

Para el sabio,
toda la vida es un movimiento hacia la perfección.
¿Qué necesidad tiene
de lo excesivo, de lo extravagante o lo extremo?

LO QUE SE OBTIENE POR LA FUERZA

PRONTO SE DETERIORARÁ.

EVITO TODAS LAS FORMAS

DE VIOLENCIA. SIGO LA

LÍNEA DE MENOR RESISTENCIA

EN TODAS MIS ACCIONES.

VERSÍCULO 30

Quien tenga que guiar a un gobernante en las cosas de la vida
deberá advertirle contra el uso de las armas para la conquista.
Las armas muchas veces se vuelven contra el que las esgrime.

Allí donde se instalan los ejércitos,
la naturaleza no ofrece más que zarzas y espinos.
Después de librarse una gran batalla,
los campos quedan malditos, los cultivos se malogran,
la tierra queda despojada de su maternidad.

Cuando has alcanzado tu objetivo,
no debes exhibir tu éxito,
no debes jactarte de tu capacidad,
no debes sentirte orgulloso.
Más bien debes lamentar no haber sido capaz
de evitar la guerra.

Nunca debes pensar en vencer a otros por la fuerza.
Lo que se obtiene por la fuerza
pronto se deteriorará.
No está en sintonía con el Camino,
y al no estar en sintonía con el Camino,
su final llegará muy pronto.

DEJO QUE MI NATURALEZA

SUPERIOR SE IMPONGA,

LLEVANDO AMOR A LOS

LUGARES DONDE ANTES

VIVÍA EN EL ODIO.

VERSÍCULO 31

Las armas son instrumentos de violencia.
Todos los hombres decentes las detestan.
Por eso, los seguidores del Tao nunca las usan.

Las armas sirven al mal.
Son instrumentos que son contrarios a un gobierno sabio.
Úsalas solo como último recurso.
Porque la paz y la tranquilidad son lo más preciado
para el corazón de un hombre decente,
y para él, ni siquiera una victoria es causa de regocijo.

El que piensa que la victoria es bella
es que tiene voluntad de matar.
Y el que tiene voluntad de matar
nunca triunfará sobre el mundo.

Es buena señal que la naturaleza más elevada del hombre
se imponga.
Es mala señal que se imponga su naturaleza más baja.

Ante la matanza de multitudes
sentimos pena y dolor.
Cada victoria es un funeral.
Cuando ganas una guerra,
lo celebras con luto.

CONFÍO EN LA PERFECTA BONDAD

DEL TAO PARA QUE ME GUÍE

Y DIRIJA A DONDE QUIERA.

DEJO QUE MIS PENSAMIENTOS

E IDEAS SE DEJEN LLEVAR POR

LA GRAN OLA DEL TAO.

VERSÍCULO 32

El Tao eterno no tiene nombre.
Aunque es simple y sutil,
nadie puede dominarlo.

Si los reyes y señores pudieran dominarlas,
las diez mil cosas obedecerían de manera natural.
El cielo y la tierra se regocijarían
con el dulce goteo del rocío.
Todos vivirían en armonía,
no por mandato oficial,
sino por su propia bondad.

Cuando el todo se divide, las partes necesitan nombres.
Ya existen suficientes nombres,
hay que saber cuándo parar.
Hay que saber cuándo la razón impone unos límites
para evitar el peligro.

Los ríos y arroyos nacen del mar,
y toda la creación nace del Tao.
Así como el agua fluye para volver a convertirse en mar,
toda la creación fluye para volver a convertirse en el Tao.

SUSTITUYO MI DESEO DE PODER

SOBRE OTROS POR MIS ESFUERZOS

DE COMPRENDERME

Y DOMINARME

EN TODAS LAS SITUACIONES.

TENGO QUE APRENDER A DEJAR

A UN LADO LAS COSAS

QUE NO AMO.

VERSÍCULO 33

El que comprende a otros tiene conocimiento.
El que se comprende a sí mismo tiene sabiduría.
Para dominar a otros se necesita fuerza;
para dominarse uno mismo se necesita fortaleza.

Si comprendes que tienes bastante,
entonces eres verdaderamente rico.

El que se entrega a su posición
seguro que vivirá mucho.
El que se entrega al Tao
seguro que vivirá para siempre.

NO EXIGIENDO

LA GRANDEZA

LOGRO LA GRANDEZA.

VERSÍCULO 34

El Gran Camino es universal;
puede dirigirse a la izquierda o a la derecha.
Todos los seres dependen de él para vivir.
Aun así, él no toma posesión de ellos.

Cumple su propósito,
pero no reclama nada para sí mismo.
Cubre a todas las criaturas como el cielo,
pero no las domina.

Todas las cosas regresan a él, como si fuera su hogar,
pero no manda en ellas.
Por eso se puede decir que es «grande».

El sabio imita esta conducta.
Al no reclamar la grandeza,
el sabio alcanza la grandeza.

CUANDO LO BUSCO,

NO VEO NADA.

CUANDO LO ESCUCHO,

NO OIGO NADA.

CUANDO LO USO,

NUNCA SE AGOTA.

ESTO ES EL GRAN TAO.

VERSÍCULO 35

Todos los hombres acuden
a aquel que se atiene a la unidad.
Acuden en masa a él y no sufren daño,
porque en él encuentran paz, seguridad y felicidad.

La música y la comida son placeres pasajeros,
pero hacen que la gente se detenga.
¡Qué vacías e insípidas son las cosas de este mundo
cuando se las compara con el Tao!

Cuando lo buscas, no se ve nada.
Cuando lo escuchas, no se oye nada.
Cuando lo usas, nunca se agota.

BUSCO LA OSCURIDAD

SUPRIMIENDO TODO DESEO

DE ATENCIÓN O RECONOCIMIENTO.

VERSÍCULO 36

Si quieres contener algo,
debes dejar que se expanda.
Si quieres debilitar algo,
debes dejar que se haga fuerte.
Si quieres eliminar algo,
debes dejar que florezca.
Si quieres alejar algo,
debes dejar que acceda a ti.

Esta lección se llama
la sabiduría de la oscuridad.
Lo suave dura más que lo fuerte.
Lo oscuro dura más que lo obvio.

Los peces no pueden dejar las aguas profundas,
y las armas de un país no deben desplegarse.

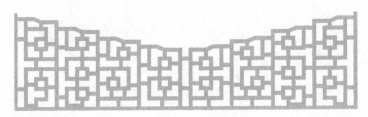

EL TAO NO HACE

NADA, PERO NO DEJA

NADA SIN HACER.

VERSÍCULO 37

El Tao no hace nada,
pero no deja nada sin hacer.

Si los hombres poderosos
pudieran centrarse en él,
el mundo entero se transformaría por sí mismo,
recuperando así sus ritmos naturales.

Cuando la vida es simple,
las pretensiones desaparecen.
Nuestra naturaleza esencial brilla a través de ellas.

Cuando no hay deseo, hay calma
y el mundo se endereza solo.
Cuando hay silencio,
uno encuentra el ancla del universo dentro de sí mismo.

CONFÍO EN MI NATURALEZA ESENCIAL.

RECHAZO TODAS LAS

POLARIDADES Y VIVO EN

LA UNIDAD INDIVISIBLE

DEL TAO.

LA BONDAD Y LA DIVINIDAD

SON UNA MISMA COSA,

Y YO CONFÍO EN LO QUE SOY,

UN HIJO DE DIOS.

Un hombre verdaderamente bueno no es consciente de su
bondad,
y por eso es bueno.
Un hombre estúpido intenta ser bueno,
y por eso no es bueno.

El maestro no hace nada,
pero no deja nada sin hacer.
El hombre corriente siempre está haciendo cosas,
pero deja muchas más sin hacer.

La máxima virtud es actuar sin sentido de uno mismo.
La máxima bondad es dar sin condiciones.
La máxima justicia es ver sin preferencias.

Cuando se pierde el Tao, hay bondad.
Cuando se pierde la bondad, hay moralidad.
Cuando se pierde la moralidad, hay ritual.
El ritual es la cáscara de la verdadera fe,
el principio del caos.

El gran maestro sigue su propia naturaleza
y no los adornos de la vida.
De él se dice: «Se queda con la fruta y no con la pelusa».
«Se queda con lo firme y no con lo endeble.»
«Se queda con lo verdadero y no con lo falso.»

SOY UN FRAGMENTO

DEL TODO, Y ACTÚO

DE ACUERDO CON LA

TOTALIDAD DEL TAO.

VERSÍCULO 39

Estas cosas de tiempos antiguos nacen de una sola.
El cielo es completo y transparente;
la tierra es completa y firme;
el espíritu es completo y pleno;
las diez mil cosas están completas, y el país está en pie.
Todo ello, en virtud de ser completos.

Cuando el hombre interfiere con el Tao,
el cielo se vuelve turbio,
la tierra queda agotada,
el equilibrio se desmorona,
los seres vivos se extinguen.

Por lo tanto, la nobleza tiene su raíz en la humildad,
y lo elevado se fundamenta en lo bajo.
Por eso las personas nobles dicen de sí mismas
que están solas, que tienen defectos y que son indignas.

Las piezas de un carro no sirven para nada
a menos que funcionen de acuerdo con el todo.
La vida de un hombre no aporta nada
a menos que viva de acuerdo con todo el universo.
Desempeñar nuestra función
de acuerdo con el universo
es la verdadera humildad.

En verdad, demasiado honor equivale a una carencia de este.
No es de sabios brillar como el jade
y resonar como campanas de piedra.

ME INCLINO ANTE EL PODER

QUE TODO LO CREA,

DEL CUAL PROCEDO

Y AL CUAL REGRESARÉ.

VERSÍCULO 40

Regresar es el movimiento del Tao.
Ceder es la manera de funcionar del Tao.
Las diez mil cosas nacen del ser.
El ser nace del no ser.

AL SEGUIR EL CAMINO,

NO ME CONVIERTO

EN UN SER COMPLICADO,

EXTRAORDINARIO

O PROMINENTE.

ME VUELVO SUTIL,

SIMPLE Y SIN

COMPLICACIONES.

VERSÍCULO 41

Un gran erudito oye hablar del Tao
e inicia una práctica diligente.
Un erudito corriente oye hablar del Tao
y retiene algo y se pierde algo.
Un erudito inferior oye hablar del Tao
y ruge de risa.
Sin esa risa, no sería el Tao.

Hay dichos provechosos acerca de esto:
el camino de la iluminación parece oscuro,
avanzar parece una retirada,
el camino fácil parece difícil,
el verdadero poder parece débil,
la auténtica pureza parece manchada,
la verdadera claridad parece oscura,
el arte más grande parece poco elaborado,
el amor más grande parece indiferente,
la mayor sabiduría parece infantil.

El Tao está oculto y no tiene nombre.
El Tao por sí solo nutre
y hace que todo se cumpla.

RENUNCIO AL APEGO

A TODOS LOS OBJETOS,

POSICIONES, PERSONAS

E INSTITUCIONES.

AL PERDER, GANO;

AL GANAR, PIERDO.

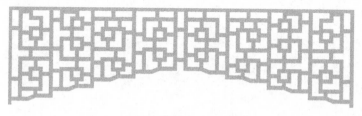

VERSÍCULO 42

El Tao dio origen al uno.
El uno dio origen a dos.
Dos dieron origen a tres.
Y tres engendraron las cien mil cosas.
Las cien mil cosas llevan el yin y asumen el yang.
Combinando estas fuerzas, alcanzan la armonía.

La gente sufre al pensar
que puede quedarse sin padres, sin comida o sin dignidad.
Y sin embargo, ese es el camino
que han recorrido los mismos reyes y señores.
Porque al perder, se gana,
y al ganar, se pierde.

Enseño lo que otros enseñaron.
Los violentos no mueren de muerte natural.
Esa es mi enseñanza fundamental.

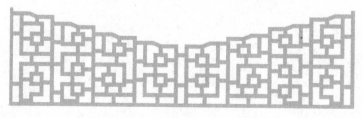

LA MÁS BLANDA DE

LAS COSAS VENCE

A LA MÁS DURA DE TODAS.

VERSÍCULO 43

La más blanda de las cosas
vence a la más dura de todas.
Lo que no tiene sustancia cabe allí donde no hay espacio.
Por eso conozco el valor de la no acción.

Enseñar sin palabras,
actuar sin acciones,
pocos en el mundo pueden hacerlo.
Eso es lo que hacen los maestros.
Muy pocos son los que obtienen
reconocimiento por parte de este mundo.

RENUNCIO A MI NECESIDAD

DE MÁS, Y VIVO EN UN ESTADO

DE PURA GRATITUD.

EL ACTO DE DAR SUSTITUYE

MI NECESIDAD DE MÁS.

VERSÍCULO 44

¿Qué tiene más importancia para ti,
tú o tu prestigio?
¿Qué te aporta más,
tú o lo que posees?
Yo te digo que lo que ganas
te traerá más problemas que lo que pierdes.

El amor es el fruto del sacrificio.
La riqueza es el fruto de la generosidad.

Un hombre satisfecho nunca queda decepcionado.
El que sabe cuándo detenerse se salva del peligro.
Solo así puedes durar mucho.

LA EXPERIENCIA DE LA PAZ

INTERIOR ES LA VERDADERA

MEDIDA DE TODAS MIS

CAPACIDADES.

VERSÍCULO 45

La mayor perfección parece imperfecta,
y sin embargo su utilidad es inagotable.
La mayor plenitud parece vacía,
y sin embargo su utilidad es infinita.

La gran rectitud parece torcida.
La gran inteligencia parece estúpida.
La gran elocuencia parece torpe.
La gran verdad parece falsa.
La gran discusión parece silenciosa.

La actividad vence al frío,
la inactividad vence al calor.
La quietud y la tranquilidad ponen en orden las cosas
en el universo.

NO EXISTE MAYOR PÉRDIDA

QUE PERDER LA CONEXIÓN

CON EL TAO.

CONFORMÁNDOME,

ENCUENTRO LA BENDICIÓN

DE LA ETERNIDAD.

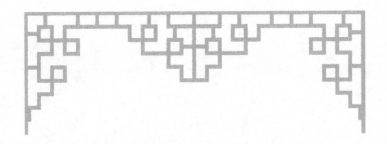

VERSÍCULO 46

Cuando el mundo sigue el Camino,
los caballos en libertad se disponen a arar los campos.
Cuando el mundo pierde el Camino,
en el campo se crían caballos de guerra.

No existe pérdida mayor que perder el Tao,
ni mayor maldición que la codicia,
ni mayor tragedia que la insatisfacción.
El peor de todos los defectos es desear siempre más.

Es suficiente con conformarse.
De hecho, conformándose se puede encontrar
la bendición de la eternidad.

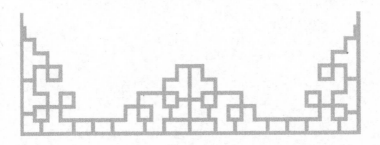

SIN SALIR POR LA PUERTA,

PUEDO CONOCER EL MUNDO.

SIN MIRAR POR LA VENTANA,

PUEDO VER CÓMO ES EL CIELO.

VERSÍCULO 47

Sin salir por la puerta,
puedes conocer el mundo.
Sin mirar por la ventana,
puedes ver cómo es el cielo.

Cuanto más lejos llega uno,
menos sabe.

Por eso, el sabio no se aventura muy lejos,
y sin embargo sabe.
No mira,
y sin embargo describe.
No se esfuerza,
y sin embargo alcanza la plenitud.

PARA AVIVAR MI EXPERIENCIA

DEL TAO Y VIVIR SEGÚN SUS

PRINCIPIOS, ME ESFUERZO

POR DISMINUIR MI DEPENDENCIA

DE LAS COSAS.

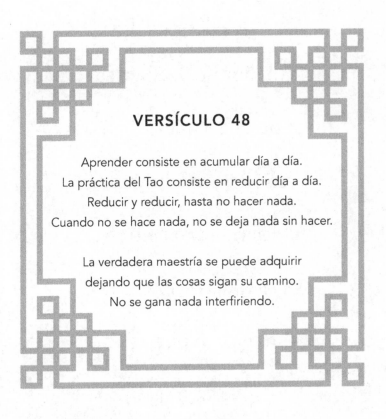

VERSÍCULO 48

Aprender consiste en acumular día a día.
La práctica del Tao consiste en reducir día a día.
Reducir y reducir, hasta no hacer nada.
Cuando no se hace nada, no se deja nada sin hacer.

La verdadera maestría se puede adquirir
dejando que las cosas sigan su camino.
No se gana nada interfiriendo.

DECIDO SER AMABLE CON

LOS QUE SON AMABLES.

DECIDO SER AMABLE CON LOS

QUE NO SON AMABLES,

PORQUE LA BONDAD

ES MI NATURALEZA, Y ESO

ES TODO LO QUE TENGO

PARA DAR.

VERSÍCULO 49

El sabio no tiene una mente fija;
es consciente de las necesidades de otros.

A los que son buenos, los trata con bondad.
A los que son malos, también los trata con bondad,
porque la naturaleza de su ser es buena.

Es amable con los amables.
También es amable con los que no son amables,
porque la naturaleza de su ser es bondadosa.

Es leal a los que son leales.
También es leal a los que son desleales.
El sabio vive en armonía con todo lo que hay bajo el cielo.
Lo ve todo como si fuera él mismo.
Ama a todos como a su propio hijo.

Todas las personas se sienten atraídas hacia él.
Él se comporta como un niño pequeño.

SOY UN SER ESPIRITUAL

E INMORTAL QUE TIENE

UNA EXPERIENCIA

HUMANA TEMPORAL.

VERSÍCULO 50

Entre el nacimiento y la muerte,
tres de cada diez son seguidores de la vida;
tres de cada diez son seguidores de la muerte,
y los hombres que solo pasan del nacimiento
a la muerte son también tres de cada diez.

¿Por qué es así?
Porque se aferran a la vida
y se agarran a este mundo temporal.

Pero hay uno de cada diez, dicen, tan seguro
de la vida que los tigres y los toros salvajes se apartan,
las armas se desvían de él en el campo de batalla,
los rinocerontes no tienen dónde clavarle su cuerno,
los tigres no encuentran dónde hincar sus garras
y los soldados no saben dónde atacar con sus espadas.

¿Por qué es así?
Porque vive en ese lugar
donde la muerte no puede entrar.

Haz realidad tu esencia
y contemplarás el final que no tiene final.

EL GRAN TAO NO TIENE

EXPECTATIVAS PARA MÍ,

NI EXIGENCIAS, NI BATALLAS

O GUERRAS QUE LIBRAR,

NI HISTORIA A LA QUE TENGA

QUE AMOLDARME.

VERSÍCULO 51

El Camino conecta a todos los seres vivos con su Fuente.
Surge a la existencia
inconsciente, perfecto, libre;
adopta un cuerpo físico,
y deja que las circunstancias lo completen.

Por eso todos los seres honran al Camino
y valoran su virtud.
No se les ha ordenado que adoren al Tao
y rindan homenaje a la virtud,
pero siempre lo hacen de forma natural.

El Tao les da vida.
La virtud los nutre y alimenta,
los cría, los cobija y los protege.
El Tao produce pero no posee;
el Tao da sin esperar nada;
el Tao fomenta el crecimiento sin dominar.
A esto se le llama virtud oculta.

TODO LO QUE HAY BAJO

EL CIELO TIENE UN

ORIGEN COMÚN.

ESTE ORIGEN ES

LA MADRE DEL MUNDO

Y MI MADRE ETERNA.

VERSÍCULO 52

Todo lo que hay bajo el cielo tiene un origen común.
Este origen es la Madre del mundo.
Habiendo conocido a la Madre,
podemos proceder a conocer a los hijos.
Habiendo conocido a los hijos,
deberíamos volver atrás y aferrarnos a la Madre.

Mantén la boca cerrada,
mantén tus sentidos alerta,
y la vida será siempre plena.
Abre la boca,
mantente siempre ocupado,
y la vida carecerá de esperanzas.

A percibir lo pequeño se lo llama claridad;
a mantenerse flexible se lo llama fuerza.
Utilizando la radiante brillantez,
regresas a la luz
y te salvas de la desgracia.

A esto se lo llama
la práctica de la luz eterna.

SI TUVIERA UN POCO

DE SENTIDO COMÚN,

ANDARÍA POR EL GRAN CAMINO

Y MI ÚNICO TEMOR

SERÍA SALIRME DE ÉL.

VIVO HONORABLEMENTE.

ME VEO EN TODOS LOS DEMÁS.

VERSÍCULO 53

Si tuviera un poco de sentido común,
andaría por el Gran Camino
y mi único temor sería salirme de él.

El Gran Camino es llano y recto,
y sin embargo la gente prefiere caminos tortuosos.
Por eso la corte está corrupta,
los campos están desolados,
los graneros están vacíos.

Vestirse con magnificencia,
llevar una espada afilada,
atiborrarse de comida y bebida,
amasar riqueza hasta el punto
de no saber qué hacer con ella
es comportarse como un ladrón.

Yo digo que toda esa pompa a costa de otros
es como la jactancia de los ladrones después de un robo.
Eso no es el Tao.

SOY COMO UNA GRAN OLA

DE ENERGÍA QUE ILUMINA

UNA HABITACIÓN.

TODOS VEN LA LUZ

Y RESULTAN AFECTADOS.

VERSÍCULO 54

El que está plantado en el Tao
no será arrancado.
El que abraza el Tao
no resbalará.

Las generaciones rinden honores sin fin a las generaciones.
La virtud cultivada en uno mismo se hace realidad.
Cultivada en la familia, la virtud rebosa.
Cultivada en la comunidad, la virtud aumenta.
Cultivada en el Estado, la virtud abunda.

El Tao está en todas partes.
Se ha convertido en todo.
Para contemplarlo de verdad, has de verlo tal como es.
En una persona, has de verlo como una persona.
En una familia, has de verlo como una familia.
En un país, has de verlo como un país.
En el mundo, has de verlo como el mundo.

¿Cómo sé que esto es así?
Mirando dentro de mí mismo.

ATRAIGO EL PODER

COOPERADOR DEL TAO

CUANDO ME LIBERO

DE LA NECESIDAD DE

CONTROLAR LA VIDA

DE ALGUIEN,

INCLUSO LA MÍA.

VERSÍCULO 55

El que está en armonía con el Tao
es como un niño recién nacido.
Los insectos mortíferos no le pican,
las fieras no le atacan,
las aves de presa no se lanzan sobre él.
Los huesos son débiles, los músculos son blandos,
pero su apretón es firme.

No ha experimentado la unión
de hombre y mujer, pero está completo.
Su virilidad es fuerte.
Grita todo el día sin enronquecer.
Esto es la armonía perfecta.

Conocer la armonía es conocer lo inmutable;
conocer lo inmutable es tener visión.
Las cosas en armonía con el Tao permanecen;
las cosas forzadas crecen algún tiempo,
pero después se marchitan.
Esto no es el Tao.
Y lo que va contra el Tao pronto deja de existir.

LOS QUE SABEN NO HABLAN.

LOS QUE HABLAN NO SABEN.

CUANTO MENOS ME PREOCUPA

RECIBIR LA APROBACIÓN

DE OTROS, MÁS APROBACIÓN RECIBO.

VERSÍCULO 56

Los que saben no hablan.
Los que hablan no saben.

¡Bloquea todos los pasajes!
Cierra la boca, acordona tus sentidos,
embota tu filo,
desata tus nudos,
suaviza tu mirada,
deja que se deposite tu polvo.
Esta es la unión primordial del abrazo secreto.

El que conoce este secreto
no se mueve por afinidad o aversión,
ni se deja influir por el beneficio o la pérdida,
ni le conmueven el honor o la deshonra.
Está muy por encima de las preocupaciones de los hombres,
pero ocupa el sitio más sagrado de sus corazones.

Este es, por lo tanto, el estado más elevado del ser humano.

ME ESFUERZO POR PERMITIR

QUE TODOS LOS DEMÁS CONFÍEN

EN SU NATURALEZA SUPERIOR,

EN LUGAR DE IMPONERLES

MIS REGLAS Y NORMAS.

POR OTRA PARTE, SOY LIBRE

PARA SER YO MISMO.

NO TENGO QUE CUMPLIR

LAS REGLAS DE NINGÚN OTRO.

VERSÍCULO 57

Si quieres ser un gran gobernante,
debes aprender a seguir el Tao.
Deja de intentar controlar,
renuncia a los planes y conceptos fijos,
y el mundo se gobernará solo.

¿Cómo sé que esto es así?
Porque en este mundo,
cuantas más restricciones y prohibiciones haya,
más gente pobre habrá.
Cuanto más avanzadas sean las armas del Estado,
más lúgubre será la nación.
Cuanto más ingenioso y elaborado sea el plan,
más extraño será el resultado.
Cuantas más leyes se dicten,
más ladrones aparecerán.

Por eso el sabio dice:
«No emprendo acciones y la gente se reforma.
Disfruto de la paz y la gente se vuelve honrada.
No hago nada, y la gente se hace rica.
Si me abstengo de imponerles cosas,
serán ellos mismos».

DETRÁS DE LA MALA SUERTE

SE OCULTA LA BUENA SUERTE,

Y TRAS LA BUENA SUERTE

SE OCULTA LA MALA SUERTE.

VERSÍCULO 58

Cuando el gobernante conoce su propio corazón,
la gente es simple y pura.
Cuando interfiere en sus vidas,
ellos se inquietan y perturban.

En la mala suerte se apoya la buena suerte.
En la buena suerte se esconde la mala suerte.
¿Quién conoce el fin último de este proceso?
¿Acaso no existe una norma?
Pero lo normal no tarda en convertirse en anormal;
la confusión de la gente es constante.

Por eso el maestro se conforma con servir de ejemplo
y no impone su voluntad.
Tiene punta, pero no pincha.
Endereza, pero no molesta.
Ilumina, pero no deslumbra.

PRACTICO EL VIVIR

SIN LÍMITES CAPTANDO

LA VIRTUD Y MODELÁNDOLA.

VERSÍCULO 59

Para gobernar a los pueblos y servir a la naturaleza,
nada mejor que la economía y la moderación.

La contención empieza por renunciar a las ideas propias.
Esto depende de la virtud acumulada en el pasado.
Si hay un buen acopio de virtud,
nada es imposible.
Si nada es imposible, no existen límites.
Si un hombre no conoce límites, es apto para gobernar.

Esto debe estar profundamente arraigado
y firmemente plantado en el Tao;
es el secreto de la larga vida y de la visión duradera.

CUANDO ME ABSTENGO

DE PENSAMIENTOS DAÑINOS

DIRIGIDOS HACIA OTROS, ACUMULO

TODOS LOS BENEFICIOS

QUE PUEDE OFRECERME

LA VIDA.

VERSÍCULO 60

Gobernar un gran país
es como freír un pescado pequeño.
Si lo pinchas mucho, lo estropeas.

Acércate al universo con el Tao
y el mal carecerá de poder.
No desaparecerá el poder del mal,
pero no se utilizará para hacer daño a otros.
Y no solo no hará daño a otros,
sino que el sabio también estará protegido.

Si el gobernante y su pueblo pudieran
abstenerse de hacerse daño el uno al otro,
todos los beneficios de la vida
se acumularían en el reino.

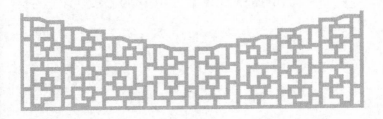

MIS SERES QUERIDOS

Y YO NO SUFRIREMOS EL IMPACTO

DE LA PRESENCIA DEL MAL

EN EL MUNDO.

MANTENIENDO LA CALMA

Y NO LLAMANDO LA ATENCIÓN,

OTROS SE ME UNIRÁN EN

AMISTAD Y CONFIANZA.

VERSÍCULO 61

Un gran país es como la tierra baja
hacia la que fluyen todos los ríos.
Es el depósito de todo lo que hay bajo el cielo,
lo femenino del mundo.
La hembra vence al macho con la quietud;
se somete adoptando una actitud serena.

Así, si un gran país se somete ante uno pequeño,
gana amistad y confianza.
Y si un país pequeño puede someterse ante uno grande,
vencerá a ese «gran» país.
Uno vence agachándose;
el otro, permaneciendo en una actitud humilde.

SOY UNA CREACIÓN DIVINA DEL TAO,

COMO TODOS LOS DEMÁS.

NO RECHAZO A NADIE.

RECHAZO LA MALDAD,

ELEVANDO A OTROS

CON MIS ACTOS.

VERSÍCULO 62

El Tao es la casa del tesoro,
la verdadera naturaleza,
la Fuente secreta de todo.
Es el tesoro del hombre bueno
y el refugio del malo.

Si una persona parece malvada,
no la rechaces.
Despiértala con tus palabras,
elévala con tus acciones,
responde a sus insultos con tu bondad.
No la rechaces,
rechaza su maldad.

Así, cuando se elige a un nuevo gobernante,
no te ofrezcas a ayudarle
con tu riqueza o tu experiencia.
Ayúdale a meditar sobre el principio;
ofrécete a enseñarle el Tao.

¿Por qué los antiguos daban tanta importancia al principio?
¿No será porque es la Fuente de todo bien
y el remedio para todo mal?
Es la cosa más noble del mundo.

VEO LA SENCILLEZ EN LO COMPLICADO.

HAGO GRANDES COSAS MIENTRAS

SON PEQUEÑAS.

DESDE AQUÍ PUEDO LLEGAR

A CUALQUIER SITIO.

VERSÍCULO 63

Practica la inacción.
Trabaja sin hacer.
Saborea lo insípido.
Magnifica lo pequeño, aumenta lo escaso.
Corresponde a la amargura con amabilidad.
Ve la sencillez en lo complicado.
Alcanza la grandeza en las cosas pequeñas.

Aborda las dificultades cuando aún son fáciles.
Haz grandes cosas mientras aún son pequeñas.
El sabio no intenta abarcar nada demasiado grande,
y así alcanza la grandeza.

Si accedes con demasiada facilidad, se fiarán poco de ti,
porque el sabio siempre afronta las dificultades,
pero nunca las experimenta.

UN VIAJE DE MIL KILÓMETROS

EMPIEZA CON UN PASO.

UN ÁRBOL CRECE A PARTIR

DE UNA SOLA SEMILLA.

UNA TORRE EMPIEZA

CON UN LADRILLO.

VERSÍCULO 64

Lo que está en reposo es fácil de manejar.
Lo que aún no se manifiesta es fácil de prevenir.
Lo quebradizo se rompe con facilidad.
Lo pequeño se dispersa fácilmente.

Actúa antes de que las cosas existan,
manéjalas antes de que aparezca el desorden.
Recuerda:
Un árbol que un hombre no abarca crece de una sola semilla.
Una torre de nueve pisos empieza con un ladrillo.
Un viaje de mil kilómetros empieza con un paso.

Actúa y lo destruirás;
agárralo y lo perderás.
El sabio no actúa, y por eso no es derrotado.
No agarra, y por eso no pierde.
La gente suele fracasar estando al borde del éxito,
así que ten tanto cuidado al final como al principio,
y entonces no habrá fracasos.

El sabio no atesora lo que es difícil de obtener;
no colecciona objetos preciosos;
aprende a no aferrarse a las ideas;
ayuda a las diez mil cosas a encontrar su propia naturaleza,
pero no se aventura a guiarlas cogidas de la nariz.

COMO SÉ QUE NO SÉ,

SOY GUIADO

PARA ENCONTRAR

MI CAMINO.

VERSÍCULO 65

Los antiguos eran sencillos
y se mezclaban con la gente corriente.
No resplandecían,
no gobernaban con astucia,
y la nación era feliz.

Cuando la gente cree que conoce las respuestas,
es difícil de guiar.
Cuando saben que no saben,
la gente puede encontrar su camino.

No utilizar la astucia para gobernar un país
implica buena suerte para el país.
La pauta más simple es la más clara.
Conformándote con una vida normal,
puedes mostrar a todos el camino
de regreso a su auténtica naturaleza.

NO ME PONGO POR ENCIMA

DE OTROS NI ME VEO SUPERIOR

A NADIE.

SOY COMO EL GRAN OCÉANO

Y TODOS LOS RÍOS FLUYEN HACIA

MÍ PORQUE ME MANTENGO

EN UNA ACTITUD HUMILDE,

Y ASÍ SOY SERVIDOR DE TODOS.

VERSÍCULO 66

¿Por qué el mar es rey de cien ríos?
Porque está por debajo de ellos.
La humildad le da poder.

Por eso, los que deseen una posición
por encima de otros deben hablar con humildad.
Los que deseen guiar deben seguir.

Por eso, cuando el sabio está por encima de la gente,
esta no siente su peso;
y cuando está delante de la gente,
esta no se siente dolida.

El sabio se mantiene en una actitud humilde,
y por eso el mundo nunca se cansa de exaltarlo.
Insiste en ser un servidor,
y por eso el mundo nunca se cansa de hacerle rey.

VIVO LOS TRES PRINCIPIOS

DE LA COMPASIÓN,

LA FRUGALIDAD

Y LA HUMILDAD

EN MIS TRATOS CON OTROS.

Todo el mundo habla de mi Tao
con tanta familiaridad...
¡Qué tontería!
El Tao no es algo que se encuentre en el mercado
o se transmita de padre a hijo.
No es algo que se adquiera a través del saber
o se pierda a través del olvido.
Si el Tao fuera así,
se habría perdido y olvidado hace mucho tiempo.

Tengo tres tesoros, que sujeto con fuerza
y vigilo estrechamente.
El primero es la compasión;
el segundo, la frugalidad;
el tercero, la humildad.

De la compasión nace el valor.
De la frugalidad nace la generosidad.
De la humildad nace el liderazgo.
Si uno fuera audaz pero no tuviera compasión;
si fuera comprensivo, pero no frugal;
si se lanzara hacia delante sin humildad,
moriría.

El amor vence a todos los atacantes;
es invulnerable en su defensa.
Cuando el cielo quiere proteger a alguien,
¿envía un ejército?
No, lo protege con amor.

AQUELLO CONTRA

LO QUE LUCHO ME DEBILITA.

AQUELLO CON LO QUE COOPERO

ME DA FUERZA.

VERSÍCULO 68

Un buen soldado no es violento.
Un buen luchador no se enfurece.
Los buenos ganadores no compiten.
Los buenos patronos sirven a sus trabajadores.
El mejor gobernante respeta la voluntad del pueblo.

Todos ellos encarnan la virtud de la no competición.
A esto se lo llama la virtud de no enfrentarse.
A esto se lo llama emplear los poderes de otros.

Esto se conoce desde los tiempos antiguos
como la unión definitiva con el cielo.

NO EXISTE MAYOR DESGRACIA

QUE SENTIR QUE TENGO

UN ENEMIGO, PORQUE

CUANDO TENGO UN ENEMIGO,

NO HAY SITIO PARA DIOS.

VERSÍCULO 69

Hay un dicho entre soldados:
«No me atrevo a hacer el primer movimiento
y preferiría ser invitado.
No me atrevo a avanzar un dedo
y preferiría retroceder un palmo».

A esto se lo llama
ir hacia delante sin avanzar,
hacer retroceder sin utilizar armas.

No existe mayor desgracia
que sentir «tengo un enemigo».
Porque cuando existen un «yo» y un «enemigo»,
no queda sitio para mi tesoro.

Por eso, cuando dos adversarios se encuentran,
el que no tiene enemigo
triunfará con seguridad.

Cuando los ejércitos están igualados en fuerzas,
vence el que tiene compasión.

QUIERO PENSAR COMO

PIENSA DIOS, ACTUAR COMO

ACTÚA DIOS, VIVIR UNA VIDA

INSPIRADA POR DIOS.

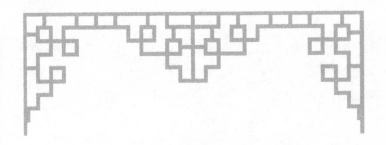

VERSÍCULO 70

Mis enseñanzas son muy fáciles de entender
y muy fáciles de practicar.
Pero muy pocos en este mundo las entienden
y muy pocos son capaces de practicarlas.

Mis palabras tienen un antecesor;
mis actos tienen un señor.
La gente desconoce esto,
y por eso no me reconoce.

Por eso el sabio se viste discretamente,
aunque su interior está lleno
de piedras preciosas.

CONFÍO EN QUE UNA MENTE FELIZ

Y CONFORME, QUE ESTÁ

HARTA DE ESTAR ENFERMA,

TENGA UN CUERPO FELIZ Y CONFORME.

VERSÍCULO 71

Conocer la ignorancia es fuerza.
Ignorar el conocimiento es enfermedad.

Solo cuando nos hartemos de nuestra enfermedad,
dejaremos de estar enfermos.
El sabio no está enfermo, porque está harto de la enfermedad.
Ese es el secreto de la salud.

MI CUERPO ES PERFECTO,

NACIDO EXACTAMENTE

EN EL MOMENTO PRECISO,

Y ESTA ES MI EDAD PERFECTA.

ME ACEPTO COMO SOY,

Y ME DEJO LLEVAR POR EL

CURSO NATURAL QUE MARCA

EL DESTINO DE MI CUERPO.

VERSÍCULO 72

Cuando la gente carece del sentido de la reverencia,
se produce un desastre.
Cuando la gente no teme al poder mundano,
llega un poder más grande.

No limites tu visión de ti mismo.
No desprecies las condiciones de tu nacimiento.
No te resistas al curso natural de tu vida.
De este modo, nunca te cansarás de este mundo.

Por eso el sabio se conoce a sí mismo
pero no se exhibe.
Se ama, pero no se enaltece.
Prefiere lo que hay dentro a lo que hay fuera.

TENGO LA INTENCIÓN DE EMULAR

AL CIELO, ESCUCHANDO MÁS,

HABLANDO MENOS Y CONFIANDO

EN QUE MIS RESPUESTAS

LLEGUEN SIN GRITOS.

VOY DESPACIO PARA ESTAR

EN ARMONÍA CON EL CIELO.

VERSÍCULO 73

La acción temeraria contra otros conduce a la muerte.
La acción temeraria en armonía con el Tao conduce a la vida.
Estas dos cosas
a veces benefician
y a veces dañan.

El cielo vence sin esforzarse.
No habla, pero le responden.
No pide, pero obtiene todo lo que necesita.
No se apresura, pero lo termina todo a tiempo.

La red del cielo lo atrapa todo.
La malla es tosca,
pero nada escapa de ella.

SOY CONSCIENTE DE

QUE TODO CAMBIA.

POR LO TANTO, NO HAY NADA

A LO QUE AFERRARME.

SI NO TEMO A LA MUERTE,

NO HAY NADA QUE NO

PUEDA CONSEGUIR.

VERSÍCULO 74

Si te das cuenta de que todo cambia,
no habrá nada a lo que intentes aferrarte.
Si no tienes miedo a morir,
no hay nada que no puedas conseguir.

Siempre hay un señor de la muerte.
El que ocupa el puesto de señor de la muerte
es como el que corta con la hoja
de un maestro carpintero.
El que corta con la hoja de un maestro carpintero
seguro que se corta las manos.

CADA VEZ EXIJO MENOS

A LOS OTROS, Y SOBRE TODO

A MÍ MISMO.

SOY LIBRE PARA COMULGAR

CON LA NATURALEZA,

TRABAJAR, JUGAR, LEER

O NO HACER NADA.

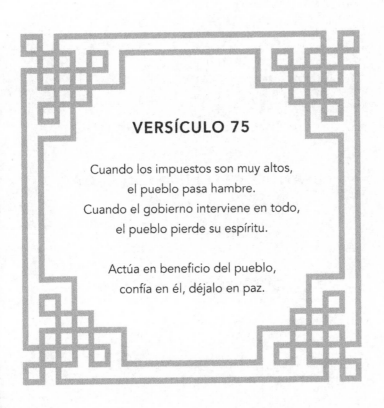

VERSÍCULO 75

Cuando los impuestos son muy altos,
el pueblo pasa hambre.
Cuando el gobierno interviene en todo,
el pueblo pierde su espíritu.

Actúa en beneficio del pueblo,
confía en él, déjalo en paz.

DECIDO SER FUERTE SIENDO

BLANDO Y FLEXIBLE, EN LUGAR

DE SER INFLEXIBLE,

QUEBRADIZO Y DURO.

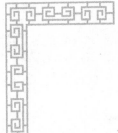
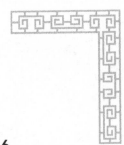

VERSÍCULO 76

El hombre nace suave y débil;
al morir, está duro y rígido.
Todas las cosas, incluso los árboles y las hierbas,
son blandas y flexibles cuando están vivas,
y secas y quebradizas cuando están muertas.

Así pues, la rigidez es compañera de la muerte;
la flexibilidad es compañera de la vida.
Un ejército que no cede
será derrotado.
Un árbol que no se curve
se partirá con el viento.

Lo duro y rígido se romperá;
lo blando y flexible perdurará.

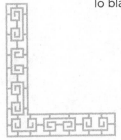

PUEDO SEGUIR DANDO

PORQUE MI RIQUEZA

NO TIENE FIN.

ME GUSTA OFRECER LO

QUE ME SOBRA A LOS DEMÁS.

VERSÍCULO 77

La manera de ser del cielo
es como dibujar un arco:
lo alto desciende,
lo bajo se eleva.

Cuando tiene de sobra, se reduce;
cuando está escaso, aumenta.
El Tao de la humanidad es lo contrario:
reduce lo escaso para aumentar el excedente.
Despoja a los necesitados para beneficiar
a los que tienen demasiado.

Solo el que tiene el Tao
ofrece lo que le sobra a otros.
¿Quién tiene más que suficiente
y se lo ofrece al mundo?
Solo el hombre del Tao.

El maestro puede seguir dando
porque su riqueza no tiene fin.
Actúa sin expectativas,
triunfa sin atribuirse méritos,
y no piensa que es mejor
que ningún otro.

ME MANTENGO SERENO

EN MEDIO DE LA AFLICCIÓN,

Y ASÍ IMPIDO QUE EL MAL

PENETRE EN MI CORAZÓN.

VERSÍCULO 78

Nada en el mundo es más blando
y más débil que el agua.
Pero nada la supera cuando se enfrenta a lo duro
y a lo inflexible.
No existe nada tan poderoso.

Lo débil vence a lo fuerte,
lo blando supera a lo duro.
No hay nadie en el mundo que no sepa esto,
pero nadie puede dominar la práctica.

Por eso el maestro se mantiene sereno
en medio de la aflicción.
El mal no puede penetrar en su corazón.
Al haber renunciado a ayudar,
es la mayor ayuda para la gente.

Las palabras verdaderas parecen paradójicas.

ALGUIEN DEBE ARRIESGARSE

A PAGAR EL DAÑO CON BONDAD,

O LA HOSTILIDAD NUNCA

SE CONVERTIRÁ EN

BUENA VOLUNTAD.

PROCURARÉ EVITAR TODO

FUTURO CONFLICTO, EMANANDO

AMOR Y BONDAD.

VERSÍCULO 79

Tras una fuerte disputa, queda algo de resentimiento.
¿Qué se puede hacer?
Al final, lo mejor siempre es
conformarse con lo que uno tiene.

Alguien debe arriesgarse a pagar el daño con bondad,
o la hostilidad nunca se convertirá en buena voluntad.
Por eso el sabio siempre da sin esperar gratitud.

El que tiene auténtica virtud
siempre busca una manera de dar.
El que carece de auténtica virtud
siempre busca una manera de conseguir.
El que da alcanzará la plenitud de la vida.
Al que desea más, solo le quedará una mano vacía.

VIVO EN UN ESTADO

DE TOTAL AGRADECIMIENTO.

DOY GRACIAS HUMILDEMENTE

POR TODO LO QUE TENGO.

EL PARAÍSO ESTÁ DONDE

YO ESTOY.

VERSÍCULO 80

Imagina un país pequeño con pocos habitantes.
Tienen armas y no las utilizan.
Disfrutan trabajando con las manos
y no pierden tiempo inventando
máquinas que ahorran trabajo.

Se toman en serio la muerte y no viajan muy lejos.
Aman tanto sus hogares
que no les interesa viajar.
Aunque tienen barcos y carros,
nadie los usa.

Se conforman con comida sana,
les agrada la ropa práctica,
están a gusto en casas cómodas
y protegen su modo de vida.

Aunque viven a la vista de sus vecinos,
y oyen cantar a sus gallos y ladrar a sus perros,
se dejan en paz unos a otros
mientras se van haciendo viejos y mueren.

ACUMULO MENOS, DOY MÁS

Y DEJO DE ESTAR APEGADO

A TODO EN EL MUNDO DE

LAS DIEZ MIL COSAS.

VERSÍCULO 81

Las palabras verdaderas no son bonitas;
las palabras bonitas no son verdaderas.
Los hombres buenos no discuten;
los que discuten no son buenos.
Los que tienen virtud no buscan defectos;
los que buscan defectos no tienen virtud.

Los sabios no acumulan nada,
sino que dan todo lo que poseen a los demás.
Cuanto más tienen, más dan.

El cielo hace bien a todos
y no hace mal a nadie.
El sabio lo imita,
actuando por el bien de todos,
y no oponiéndose a nadie.